Toby et Compagnie - Toby rend visite à Chats du Quercy

Centre d'Adoption Chats
www.chatsduquercy.fr
05 63 94 73 97

par Susan Keefe

Copyright © 2016

Tous droits réservés par Susan Keefe

<u>Dédicace</u>

Ce livre est une dédicace à tous les bénévoles, supporters et assistants sans qui Chats du Quercy n'existerai pas.

Chats du Quercy

Numéro d'immatriculation : W821001276

__Remerciements__

Je voudrais remercier tout le monde à Chats du Quercy pour leur travail remarquable, et je leur souhaite que du succès pour le futur. J'espère que les ventes de ce livre pourront les aider dans tous leurs projets.

Numéro d'immatriculation : W821001276

En remerciant Gabriella pour la tradition de L'anglais au Français.

Je souhaite aussi remercier mon mari Michael, mon âme sœur, pour la conception des couvertures de ce livre et de me soutenir pendant la rédaction de tous mes livres.

Sommaire

Introduction

Il s'agit, dans cette histoire extraordinaire, de Toby et ses deux parents humains, qui partent en vacances dans la région des Pyrénées en France. Ce pour rendre visite à Chats Du Quercy, un refuge félin à Miramont de Quercy.

Chats du Quercy a ouvert en 2010 et est unique en France. C'est le seul centre d'adoption entièrement dédié aux chats abandonnés. Exécuté par Lynn Stone et son mari Ron, au fil des années, l'association a aidé et a sauvé littéralement des milliers de chats et chatons, avec en moyenne 350 par an.

A travers l'interaction de Toby le Border Collie, et Billy le chat mascotte de Chats Du Quercy, le lecteur découvrira les histoires de quelques chats et chatons secourus et qui ont séjourné à cet endroit exceptionnel, ainsi que l'importance de la responsabilité des propriétaires de ces petits félins.

Ce livre est un hommage au travail difficile mais remarquable, et au dévouement de tous les assistants, bénévoles, supporters de Chats Du Quercy, sans qui l'association n'existerait pas.

50% du profit de chaque livre vendu sera reversé à l'association afin de soutenir leur travail et leurs projets à venir…

Chapitre 1 – L'heure de partir en vacances!

Salut, moi c'est Toby. Je suis très excité, ma maman et mon papa humains sont entrain de charger la voiture, et ça, ça veut dire qu'on s'en va quelque part. Comme d'habitude, je les suis partout, je ne les laisse jamais hors de ma vue, sinon ils pourraient m'oublier ! Bien sûr, en réalité, je sais que ça n'arrivera pas. Après tout ils m'appellent leur petit garçon, et les parents n'oublient jamais leurs enfants, non ?

Je suis allongé près de la voiture, prêt à bondir, en les observant attentivement. Ils ont presque fini, je vois maman qui met ma gamelle de voyage et une grande bouteille d'eau dans le coffre de la voiture. Enfin, maman dit « allez Toby, tu peux monter maintenant ».

On est parti! Alors qu'on quitte la maison, je vois les chats Rammy, Cleo et Casper nous observer depuis leurs petits nids dans l'herbe. Il fait beau et chaud et ils ont tous un endroit favori pour se détendre. Maman les appelle leurs nids parce qu'ils sont ronds comme des nids d'oiseau.

Notre voisin viendra tous les jours s'occuper d'eux et vérifier qu'ils ont assez à manger et à boire.

« Je ne sais pas où on va, mais je vais vous révéler un petit secret, ça m'est égale, tant que je suis avec eux. On est une meute tu vois, et on reste toujours ensemble. »

Dès qu'on rentre sur l'autoroute, je me mets en boule sur le siège arrière et m'endors. L'autoroute est ennuyante et les barrières m'empêchent de voir le paysage. Je me lève seulement lorsque les voitures ralentissent pour les péages, juste pour vérifier où on se trouve.

Tu vois, je garde un œil sur notre chemin au cas où un désastre arriverai. Je ne sais pas quel désastre, mais on ne sait jamais, je pourrais me perdre et devoir retrouver mon chemin tout seul jusqu'à la maison.

Ça nous arrive beaucoup à nous, les animaux, même de devoir traverser des pays entiers parfois, alors je pense que c'est une sage décision de se faire des repères sur la route.

On fait une pause sur une aire d'autoroute, un endroit où on peut pique-niquer. C'est loin de la grande route, il a de jolies tables à manger et promenades à faire pour s'étirer. Bien sûr, je suis gardé en laisse pour ma sécurité pendant que je me balade. Après ça, je m'installe sous une table avec mon bol d'eau, pendant que maman et papa mange leur déjeuner.

Puis on est parti de nouveau. Le paysage change, les collines sont de plus en plus grandes. Enfin, on quitte l'autoroute. Le soleil est bien haut dans le ciel et il y a plein de champs de tournesol.

« Bientôt arrivés » me dit papa, alors qu'on passe devant un panneau indiquant Miramont de Quercy. Et là, il prend un petit chemin, devant nous s'élève une grande maison avec un panneau qui dit « Chats du Quercy », parce qu'on est dans une région qui s'appelle le Quercy, ici.

Chapitre 2 – Alors, où sommes-nous?

Alors, où sommes-nous? Et qu'est qu'il y a ici? Très impatient, je regarde par la fenêtre pour essayer de voir dehors. Une dame s'approche de la voiture, avec une magnifique chienne couleur dorée. C'est prometteur, j'espère qu'elle va bien m'aimer, j'aime me faire de nouveaux amis, je pense.

« Bienvenue à Chats du Quercy, moi c'est Lynn, la Présidente » dit la dame à maman et papa. Et puis elle regarde derrière et en me voyant elle dit « mais tu dois être Toby, allez sorts et viens jouer avec Oggie ! »

Bien sûr, étant des chiens, il faut qu'on se renifle pendant un petit moment. Ensuite Oggie me montre où se trouve sa gamelle d'eau et j'ai bu pendant longtemps, j'avais bien soif.

« Tu ressembles à mon ami d'enfance, un jeune chien au poil dorée aussi, mais un peu plus clair que toi » je lui dis.

« Il est où maintenant ? » me demande Oggie.

« Il est devenu une étoile dans le ciel, » je réponds. « Tu vois, quand tu perds quelqu'un tu peux les voir dans le ciel la nuit. Quand tu montes les yeux, l'étoile qui brille le plus est la personne que tu aimes et qui te surveille de là-haut, c'est maman qui me là dit, » je rajoute.

Et puis on s'installe confortablement sous l'ombre d'un arbre, en écoutant les humains discuter.

***

La dame est entrain de raconteur à maman et papa que elle et son mari Ron on déménager en France en 2001, et qu'ils travaillent pour le bien être des chats depuis. Ils ont créés le centre d'adoption en 2010, et depuis, eux et plus de 50 bénévoles dévoués aux chats ont trouvés des familles pour des milliers de chats et chatons, et en ont aidés des milliers d'autres partout en France.

<u>Chapitre 3 – Billy</u>

Le soleil est chaud et je commence à m'endormir lorsque j'aperçois un chat du coin de l'œil. Il est dans une de ces grandes cages dans le jardin, il nous observe. Je vois tout juste son visage, derrière un bout de bois.

« C'est qui? » Je demande à Oggie.

Elle suit mon regard et réponds « Oh, ça c'est Billy, il vit ici tout le temps comme moi. Tu vois ce qui est différent par rapport à lui ? »

Alors que Billy viens vers nous, je l'observe attentivement mais je ne vois rien de différent sur lui, alors je réponds « non. »

Et là il arrive et se frotte contre moi en guise de bonjour.

« Tu ne viens pas d'ici, toi?" Dit-il.

« Non, je suis en vacances avec mes parents humains, » je réponds.

Il continue, « Et bien, ici c'est un refuge et centre d'adoption pour chats et chatons. La plupart des chats vivent dans des enclos ou cages, en attendant d'être adopté. Ils sont en train d'en construire des nouveaux en ce moment. J'étais en train d'en inspecter un à l'instant, quand je t'ai aperçu. »

"Et alors comment est-tu arrive ici?" Je demande.

« J'ai été très chanceux, tu vois, mon ancien propriétaire ne s'occuper pas du tout de moi. Je me suis fait mal à la jambe et c'était tellement grave que la vétérinaire a dit qu'il fallait m'amputer. »

« Ca veut dire quoi ? » Je demande, en l'interrompant.

« Regards, je te montre," il me dit en se retournant. « Tu vois, la vétérinaire à dû m'enlever une jambe, mais ça va, je me déplace sans problèmes. Mes poils ont repoussés, et même si j'ai dû m'y habituer au début, peu de temps après je courais déjà comme avant, et maintenant j'y pense même plus.

De toute façon, mon ancien propriétaire a dit qu'il ne payera jamais une facture de vétérinaire pour un chat, et qu'il allait m'endormir. Par chance, une des bénévoles se trouvait au cabinet et s'est arrangé pour que je puisse venir ici. Je dois avouer, ça a pris du temps pour que je sois de nouveau en bonne santé, mais dès que je me sentais mieux Lynn et son mari Ron ne pouvais pas s'imaginer devoir se séparer de moi. » Et puis il est devenu tout fier et a rajouté, « Je suis même devenu leur mascotte ! »

« C'est quoi une mascotte? » Je lui demande.

Billy pousse un petit soupire, « Et bien, une mascotte représente quelque chose comme moi je représente Chats du Quercy. Quand les personnes me voient, ils pensent à Chats du Quercy. C'est un rôle vraiment très important tu sais. » Ajoute-il avec fierté.

Chapitre 4 – Contes de chatons.

Billy s'installe à coté de nous et je lui demande, « Il y a beaucoup de chats et chatons ici? »

« Malheureusement oui, c'est toujours plein, mais ils sont tous différents et ont chacun des histoires différentes à raconter, » réponds-il.

« Tu peux me raconter quelques-unes de leurs histoires ? » Je demande avec curiosité et impatience.

« D'accords, » dit Billy, « Je vais commencer avec l'histoire de quelques chatons. J'imagine que tu t'es arrêté sur la route pour un pic-nic, pas vrai ? »

« Oui, on a déjeuné sur une aire d'autoroute en chemin pour venir ici, » je dis.

« Et bien, un jour 5 petits chatons ont étés abandonnés sur une aire d'autoroute avec seulement une serviette comme protection. Ils étés très jeunes, ils avaient seulement 5 semaines. Ils ont tous étés amenés ici seulement 3 sont morts, mais Kizzy et Momo ont survécus et ont étés adoptés ensemble. »

« Ça arrive très souvent, je suppose que les personnes pensent que les chatons seront trouvés. Mais c'est vraiment cruel de faire ça. Si personne ne les aurai trouvés, ils seront probablement tous morts de faim, de soif ou de froid. »

***

Il secoue la tête et continue, « Bien sûr, noël est une période très dure ici. Beaucoup de chats et chatons sont abandonnées pendant les fêtes de fin d'année, comme le petit chaton noir Cinders, qui est arrivé ici juste après noël. Elle devait être un cadeau de noël mais la personne ne l'a voulait pas. Heureusement qu'une dame l'a remarquée et Cinders est restée ici, en sécurité, en attendant une famille qui la gardera pour toujours.

Est-ce que tu sais que les chats noirs sont considérés par certaines personnes, comme porteurs de malheur? C'est bête non ? Comme si la couleur de notre fourrure pouvait nous rendre différents ! Les humains ne considèrent pas les personnes avec des couleurs de cheveux différents comme un malheur, alors pourquoi le faire pour les chats ? »

***

« Nous avons un vieux chat noir à la maison qui s'appelle Casper qui à 19ans et il est magnifique.

Nous avons aussi deux chatons qui ont étés sauvés, Rammy (Rameses) et Cleo (Cléopâtre), ils sont frère et sœur.

On les appelle les chatons mais ils ont deux ans maintenant. On les a sauvés après que Pepper, un autre chat à nous est mort, et Casper semblait être très malheureux. Il miaulait tout le temps, en l'appelant.

C'est drôle mais maman les appelle en disant 'Chatons' et ils viennent en courant, peu importe où ils se trouvent. Mais ils viennent aussi si elle dit 'Poussins'. Je pense qu'ils ne connaissent pas la différence. » Je dis.

« Il devait être triste Casper, » dit Billy, puis continu, « C'est bien d'avoir deux chatons ensemble, ils s'occupent et joue entre eux. J'entends parfois des personnes dire qu'ils pensent que c'est un trop gros engagement d'en avoir deux. Tous les animaux sont une responsabilité, mais en réalité adopter deux chatons ensemble leur apporte un sentiment de sécurité. Kyte et Kizzy devait absolument être adoptés ensemble, après leur expérience traumatisante. C'est les deux survivants d'une portée de 4 chatons abandonnés à Chats du Quercy. Ils sont devenus tellement proches qu'ils ne pouvaient pas être séparés.

Maintenant ils ont toujours l'autre pour leur tenir compagnie, avec qui jouer, et quand ils explorent un nouvel environnement c'est moins effrayant à deux et ils peuvent dépendre l'un de l'autre. Et bien sûr leur nouveau propriétaire s'amuse deux fois plus, en jouant avec eux et en observant leurs personnalités se développer, » dit-il.

Chapitre 5 – Trop de chatons.

« Bien sûr, même si tous les chatons sont tellement mignons, il y en a beaucoup trop qui naissent chaque année et malheureusement se sont trop souvent des chats errants (sauvages), » explique-t-il.

« Je ne savais pas qu'il existe des chats sauvages, » je dis, en l'interrompant encore une fois.

« Alors, ce ne sont pas de vrais chats sauvages, ce sont des chats domestiqués qui habitent dans les granges, dans la nature parfois et qui doivent se débrouiller tout seuls pour survivre. Certains sont des chats abandonnés par leur maitre, d'autres sont nés dans la nature et ne connaissent rien d'autre. Parfois ils sont très nombreux à vivre ensemble, souvent tous de la même famille. »

« On a plein de mamans chats qui viennent ici, » dit-il, « Je me souviens de la douce Bonnie et ses 5 chatons de 4 semaines qui ont étés abandonnées devant la porte d'une maison. »

Bonnie avec ses Chatons Clyde, Gracie, Tuffy, Turtle et Fizz.

« Et puis il y avait Akemi qui est arrivée ici enceinte, et qui a fini par avoir quatre magnifique chatons. »

Il secoue sa tête avec tristesse, « Ça arrive souvent tu sais. Les propriétaires devraient avoir leurs chatons stérilisés, mâle et femelle (une petite opération pour les empêcher d'avoir des bébés) quand ils ont quatre mois. Parce que tu sais, à cet âge-là les chatons peuvent à leur tour être enceinte et avoir des bébés. »

(Chats du Quercy et d'autres associations qui ont pour but de veiller au bien être des chats, travaillent en collaboration avec leurs vétérinaires afin d'éduquer le public et de les encourager à stériliser plus tôt que les six mois conseillés normalement, pour cette raison-là. Ce n'est pas nécessaire pour chaque chat femelle d'avoir des petits.

Toutes les mères qui arrivent à Chats du Quercy sont stérilisés après avoir eu leurs chatons. Tous les chats qui sont à l'adoption partent d'ici stérilisés aussi, que ce soit des mâles ou des femelles. Il y a déjà assez de chats et chatons abandonnées dans le monde, sans en rajouter).

<u>Chapitre 6 – Chats aux besoins spéciaux</u>

« Certains des chats qui viennent ici ne sont pas faciles à faire adopter parce qu'ils ont besoins spéciaux. Malgré tout, pour chaque chat ou chaton, il y a une personne spécial, et quand ils se trouvent la vie de chacun s'embellit, parce que tu sais, les humains ont autant besoin de notre compagnie que nous nous avons besoin de leur compagnie.

Je me souviens du magnifique Toku. Il s'est retrouvé ici après la mort tragique de son maitre. Toku était diabétique et avait besoin d'un propriétaire compréhensif et plein d'amour. Mais il ne s'entendait pas avec les autres chats, alors il avait aussi besoin d'une maison très spéciale. Heureusement un jour, une dame s'appelant Diane qui se trouvé dans un moment de solitude dans sa vie était à la recherche d'un compagnon, et c'était le coup de foudre instantané avec toku. »

« Il est très heureux maintenant dans sa nouvelle maison et je me souviens de Diane qui disait à Lynn « Toku prend ses piqures 2 fois par jour sans ronchonner, mais c'est peut-être parce qu'il sait qu'il aura droit à sa gourmandise préféré dès que la piqure sera terminer !! »

« Et puis il y a Foxy. Elle était comme les mamans chats dont je t'ai parlé tout à l'heure. Foxy a eu ses chatons dans une gouttière dans une école et elle devait les protéger des enfants pas très gentils qui leurs lancés des pierres tout le temps ! Ils ont tous étés secourus et amenés ici. Après que les bénévoles aient réussis regagner sa confiance et malgré le traumatisme causé par son passé, elle a décidé qu'elle n'aimait pas les autre chats, qu'elle voulait seulement être en compagnie d'humains.

Elle a trouvé une maison pour la vie chez une dame merveilleuse qui est tombée amoureuse d'elle de suite. La dame était une infirmière locale ainsi qu'une masseuse. Elle avait une charmante maison très calme, sans animaux donc parfait pour Foxy. C'est comme si elle était au paradis.

Malheureusement parfois les humains traitent les animaux comme des objets jetables, sans cœur ni âme, sans se rendre compte que ce sont des êtres vivants tout comme eux.

On avait un chat magnifique ici, il y a quelques temps, qui s'appelait Kallie. Kallie avait été donnée en cadeau à une dame plutôt âgée, de la part de ses enfants. Quand la dame est morte, personne d'autre dans la famille ne voulait s'occuper de Kallie, ils l'ont jetée comme un vieux torchon.

Par chance elle est venue ici et sa personnalité douce et plein d'affection rayonné à travers ses beaux yeux bleus. Elle a maintenant une famille merveilleuse qui l'aime.

Alors tu vois, les chats et chatons arrivent ici pour tellement de raisons différentes, mais ce sont eux les plus chanceux. Il y en a beaucoup d'autres qui n'ont pas cette chance là et qui sont dehors, à essayer de survivre au mieux. Tout ce qu'ils veulent c'est de trouver une famille qui leur fera des câlins et qui prendra soin d'eux. »

<u>Chapitre 7 – The Chats du Quercy</u>

A ce moment-là, je vois maman, papa et Lynn qui commencent à se lever, « je dois y aller, on se voit plus tard, » je dis à Billy et puis je m'en vais en galopant.

« Il-faut te mettre sur ta laisse, Toby. » C'est les règles de la maison me dit maman. Comme je suis un chien très obéissant, je reste ou je suis et j'attends qu'elle me l'attache. Mais je suis confus, je me demande pourquoi j'ai besoin de ma laisse, après tout j'adore les chats !

En souriant maman m'explique que les chats et chatons ici ont parfois eu de mauvaises expériences avec les chiens et alors ils auront peut-être peur de me voir, ou seront nerveux. De suite, je me souviens des chats et chatons errants (sauvages) de là où je suis né, et je comprends pourquoi.

Nous partons tous voir les enclos et Lynn nous présente à certains des petits habitants.

La première qu'on rencontre c'est une très jolie fille qui s'appelle Mindy. Son propriétaire est très malade alors Mindy a besoin d'une nouvelle maison.

La prochaine c'est Pash, aussi une fille magnifique mais vraiment très nerveuse. Elle a été trouvée abandonnée dans une usine. Malgré ça, Lynn est convaincue qu'elle prendra ses marques ici et deviendra un chat adorable, qui ne demandera que d'être câlinée tout le temps.

Et puis tout d'un coup, je suis bloqué sur place, là dans une cage il y avait Rammy. Comment est-il arrivé ici ? Il a suivi la voiture ? Mais il n'a pas pu courir sur toute la distance qu'on a parcourue en voiture, ça fait beaucoup trop loin pour lui.

Maman remarque que je me suis arreté. Quand elle se retourne, elle voit de suite qui a attiré mon regard, et comprends pourquoi.

Elle rigole, « Oh Toby, tu penses que c'est Rammy, n'est pas? »

Je l'a regarde, je suis sûr et certain que c'est lui, pourquoi est-ce qu'elle ne le sort pas de son enclos?

« Ce n'est pas Rammy, c'est un autre chat qui s'appelle Fish. Rammy est sain et sauf à la maison. » Pas vraiment convaincu, je la regarde de nouveau et là elle me caresse la tête.

« Détends toi petit Toby, je te promets que Rammy est en sécurité à la maison. »

Je sais que maman ne me ment jamais alors je me lève et la suit de nouveau. Je me retourne quand même une dernière fois pour vérifier, Il ressemble tellement à mon petit ami félin …

On s'avance vers un autre enclos, quand j'entends soudainement un petit miaulement. Là, dans une des cages se trouve deux petits chatons. J'avais oublié comment Rammy et Cleo étaient petits quand maman et papa les ont vus pour la première fois. Ces deux sont gris et blanc, ils sont si mignons !

« Vous y croyez? » Dit Lynn. « Ces deux ont étés retrouvés dans une poubelle! On ne leurs à pas donné de nom encore. »

***

Dans la derniere cage que nous avons visitée il y avait une mère avec ses chatons.

***

Tous les chats et chatons sont tellement adorables. Je me doute bien que maman et papa veulent tous les ramener à la maison avec nous, mais ils savent que ce n'est pas possible. À la ferme fantastique nous avons déjà beaucoup d'animaux et pour nous, nous devons nous occuper avec beaucoup de soin et amour de chaque animal que nous adoptons.

On retourne à la voiture et on commence à prendre la route du retour.

Allongé derrière en écoutant maman et papa discuter, je me rends compte de la raison de notre visite. Maman à en fait décidé d'écrire un livre pour eux et le voilà. J'espère que tu as aimé ce livre, et je te remercie de l'avoir acheté, parce que en l'achetant tu as participé à la collecte de fonds pour Chats du Quercy.

La Fin

Notre vision est d'inspirer et mobiliser la société pour créer un monde où tous les animaux bénéficient d'au moins cinq libertés essentielles :

1. **Liberté de la faim et la soif – les animaux devraient avoir accès à l'eau douce tout le temps, et une bonne quantité de nourriture de qualité pour les garder en forme.**

2. **Liberté de douleur, de blessures et de maladies – les animaux devraient être gardés toujours en forme, devraient être soignés par un vétérinaire s'ils sont malades ou blessés.**

3. **Liberté de détresse – en s'assurant des conditions de garde et de traitement des animaux pour leur éviter la souffrance mentale.**

4. **Protection contre l'inconfort – les animaux devraient avoir le bon type de logement, et, notamment un endroit confortable pour se reposer.**

5. **La liberté d'exprimer leurs comportements normaux –les animaux devraient avoir assez d'espace, des installations adéquates et la compagnie d'autres animaux de leur espèce.**

Pour avoir plus d'informations à propos de Chats du Quercy, de leur travail, comment devenir bénévole ou comment les aider, vous pouvez vous rendre sur les sites suivants:

Site Internet: http://chatsduquercy.fr/

Facebook: https://www.facebook.com/pages/Chats-Du-Quercy/158267427544827

Twitter: @Chats_Du_Quercy

Tous les livres sont disponibles en format Kindle et papier sur Amazon et auprès d'autres distributeurs en français et en espagnol. Merci de vérifier leur disponibilité.

Pour suivre jour après jour les aventures de Toby et ses amis, visitez le blog http://www.tobys-tails.com

Pour en savoir plus à propos de Susan, visitez la page Amazon de l'auteur: http://www.amazon.co.uk/Susan-Keefe/e/B007DV5UX6/ref=ntt_athr_dp_pel_1

http://www.amazon.com/Susan-Keefe/e/B007DV5UX6/ref=dp_byline_cont_ebooks_1

8553938R00022

Printed in Germany
by Amazon Distribution
GmbH, Leipzig